Dedicado a mis padres e hijas y a todas las personas que mi corazón ama, dedicado a ti…

PROLOGO

Leo Vuelo Nocturno. Llego al último verso y regreso al principio. Vuelvo a leer como si fuera la primera vez; como si no lo hubiera leído ya cinco o seis veces.

No me canso de recorrer este camino tan lleno de sentimientos una y otra vez. Cada vez encuentro algo nuevo, algún detalle que antes pasé por alto y que me permite adentrarme más y más en el conocimiento que adquiero sobre quien escribe.

Pero la esencia permanece inalterable. Me acompaña, mientras leo, la imagen de un grito que se origina en el alma y desde allí emerge a la superficie, abriéndose camino entrc presente y pasado, entre amor y dolor, buscando la piel. Y el grito llega al cerebro y se vuelve pensamiento. Y se desliza con fuerza hasta alcanzar la mano y la mano se convierte en pluma. Y el grito es tinta... se acerca a la punta y estalla sobre el papel. Un grito oscuro, secreto y pesado que se hace verso.

Y con estas palabras (más o menos) se lo describí a un amigo que me preguntó qué estaba leyendo:

Aurin escribe con dolor, desde el dolor.

Escribe desde la soledad, desde el vacío inmenso que la muerte deja en quien debe seguir viviendo –y conviviendo- con la ausencia; desde la amargura que queda tras el abandono cuando el amor se va sin borrar su huella."

Hay cosas que no pueden decirse sin haberlas vivido" -cito a Jorge Luís Suárez en su poema "homenaje"- y este es el caso. Aurin no busca argumentos para contar una historia ni motivos para escribir. La historia es su propia vida y los motivos están dentro de ella misma. "Ni con lágrimas puede salir de mi tanta amargura". Pero Vuelo Nocturno, es más, mucho más, que una colección de sentimientos. Describe -ahí su mensaje- mucho más que dolor, soledad o amargura, tal vez porque todos estos sentimientos son, a su vez, producto de otro mucho más grande y fuerte: un amor profundo por la vida, por ella misma -que poco puede amar a otros quien no se ama primero a si mismo- y por cuanto le rodea. Entre líneas, Vuelo Nocturno me muestra la lucha íntima de un ser que se enfrenta a la oscuridad y a todo cuanto le es adverso y, en medio de su adversidad, llorando cuando el llanto es inevitable, gritando cuando el grito se hace necesario para ahogar el dolor, pero también sonriéndole a la vida,

("Es el dolor efímero
también la distancia
es franqueable, por que
al final del recorrido nos espera el amor.")

sigue hacia delante sin detenerse, volando en busca de esa luz que conoce o intuye, aún después de haber cesado el sonido del violín que, en la distancia, le servía de referencia para orientarse. "Ahora, calla el violín, mas el murciélago sigue su vuelo."

Prologo de J.L. Dasilva, poeta.

En el cementerio...

Me quedé quieta, sentada sobre mármol blanco,
en la hora ya tardía los grises y las sombras
lo penetraban todo.
Jamás antes hube sentido en mi exterior
aquella bofetada de solemnidad.
El frío acero retumbaba con insistencia,
con amargo eco.
Eran las campanas de la capilla
que repicaban una y otra vez,
martirizando mi silencio.
Y de pronto, como un gesto olvidado,
acudió a mis ojos la humedad;
hasta entonces desterrada
y a la cual no di permiso para el regreso.
¡Lloré!, ¡lloré despacio, sin gemidos,
sin amarga desesperación...!
Y recordé, si, en ese instante,
se atropellaron en mi mente, numerosas imágenes,
abundantes recuerdos.
Y continué estando quieta, continué sentada
sobre mármol blanco, ¡allá!, ¡en el cementerio!

Figura abstracta...

Figura abstracta, con tez de mármol, sin forma, sin volumen, imaginariamente real.

Tu existencia se nota, se siente.

Aunque no te dejes ver, el velo negro que cubre tu rostro es transparente cual cristal inmaculadamente limpio, pues, se percibe tu presencia.

Caminas despacio, lentamente, sin ruido, pero tus pasos se oyen, se descubren entre el silencio como un sonido sordo y...

Cuando estas ya muy cerca, llamas con fuerza como desesperada y golpeas una y otra vez
en la puerta de la vida.

Luego, más calmada, esperas paciente a que te abran e ingenuamente la presa que has escogido cae sin remedio en tus redes y te abre la puerta de su vida para irse contigo a un lugar en donde ya no vuelve.

Se va a tu reino maldito, se va contigo...
con la muerte.

Son nubes grises.

Son nubes grises, oscuras gaviotas del aire,
musas tristes y campanillas roncas las que se mezclan
en mi mente; son ansias y deseos muchas veces
dormidos que quieren despertar y no les dejo.
Son siempre las mismas nostalgias,
siempre idénticos recuerdos
y un mismo pasado.
Y todo ello agita mi alma
y a todo ello quisiera matar,
mas si lo hiciere yo también moriría
ya que mis nubes grises, mis oscuras gaviotas,
mis ansias y deseos...
forman todo gran parte de mi ser,
un pedazo de mí misma;
al agredirles rompería mi integridad y nada quedaría,
tan solo un ser roto, una mitad...
¿podría acaso subsistir siendo solo presente?

Desperté entre pesadillas...

Desperté entre pesadillas
y mi almohada humedecida
me recordó la soledad.
Busque la luz y con ella
la agonía de los sueños sucumbió casi al punto
y no quise ya dormir.
Siempre, desde niña,
he experimentado esa amarga sensación,
ese pánico a la oscuridad de mi alcoba.
Es algo incontrolable,
aunque me esconda entre las sabanas
el miedo me descubre
y me abraza
y me posee.
Esta noche lo volví a sentir,
desperté entre pesadillas
y por horas el miedo me acunó.

En lo infinito...

En lo infinito no existe lo real,
son las imágenes lo que perdura en el recuerdo
y están siempre en los pasados ya lejanos, mas
constantes en lo presente e inmediato.
Porque las luces proyectan solo sombras,
así toda luz se apaga un día, un día cualquiera,
y dejas la existencia, pues, en la penumbra no se
piensa ni se medita, tan solo se duerme
profundamente.
Y esa profundidad es en sí misma lo consistente, lo
autentico del fin.
¿Es por tanto la muerte el final de la vida?...
La incógnita sigue pendiente.

Sucumben las alegrías...

Sucumben las alegrías cuando de color negro se llena
el alma.

Descubres entonces que el amor es efímero, que son
vanas las luchas y que lo único perdurable es el dolor
y la tristeza.

Si el mar pudiera transmitirme parte de su valor,
si las estrellas o la luna quisieran regalarme un poco
de su luz, si el verde de los árboles me diese su vigor.

Mas, aun así, aun volviendo a nacer
sentiría el dolor.

Sed de venganza.

Ni tan siquiera la humedad acude a mis ojos
y los gritos de desesperación no rompen mi garganta
y ni deseos de tragedia llegan a mi mente y nada,
nada me importa ya.

En mi existencia he dejado de vivir mas no he muerto,
aún he de esperar que mi agonía nazca;
y nacerá de pronto, sin aviso, y caerá sobre mí como
la noche negra cae sobre el día que yace en el
crepúsculo.

Me queda poco aliento, me quedan pocas fuerzas,
soy ya toda cansancio, fatiga sin remedio,
no obstante, mi espíritu posee el privilegio de
encender la chispa de un odio aletargado que al
prender en mi interior clama venganza.

Y ese sentimiento es mi única posesión,
es en sí lo único que mis manos guardan,
¡sed de venganza y nada más!

Tras las luces...

Tras las luces, las sombras penetran con fuerza el
pensamiento.
Y revolotean en muchas mentes golondrinas sin
rincón, mas, todo es siempre vanidad, un esforzarse
contra el viento.

Aún en desiertos llenos de agobiantes arenas,
encuentras siempre un oasis,
pero entre el tumulto tan sólo hayas amarga
desesperación.

Jamás llegan las cosas que uno espera,
nunca se alcanzan aquellos ideales que surgieron del
ansia reprimida; y siempre esperas que algo pase mas
nada sucede.

El mundo es un ocaso de profundidades negras,
de negros fantasmas
y borrachos no de alcohol sino de ansias y deseos,
de nostalgias y pasados.

El mundo, este mundo,
no se puede vivir,
no se puede soportar.

Tal vez la soledad...

Tal vez la soledad es la infinita explicación a la
melancolía de un ser enamorado.

Es quizá por eso que cuando se ama
se huye del mundo real por miedo a fracasar;
y uno se refugia en la quietud y el sosiego del
silencio.

Se mira pues al mar con ojos diferentes,
con ojos que centellean chispas de ternura.

Y los labios sin querer en algún gesto delatan la
pasión y el ansia reprimida.

Después de la melodía...

Después de la melodía, las lágrimas resbalan
lentamente, muy despacio, como sin prisa.
Y sumergida e inmersa en la humedad, gusto la
soledad y el silencio.

¡Soledad!, compañera de mi vida e interior de mi
alma, soledad callada, soledad sufrida
.

Cuanta angustia y desesperación se hayan dentro de
un corazón silencioso, de un corazón aún joven, ¡el
mío!

Cuerpo que aguanta, que soporta el martirio penoso,
la fatiga de ser una sola nostalgia, solo una vida,
sencillamente un solo ritmo.

Alma que unida al cuerpo llega a ser la misma cosa,
es tan inmensa como el inmenso mar la soledad que
habita.

¡Soledad!, eternamente lastimera,
mas sólo tú eres mi amiga.

Dentro del silencio...

Dentro del silencio,
alejada de todo, inalcanzable, muda de ira.
Rojos los ojos de llanto y hiel,
envenenadas las venas por el odio:
odio que quema como brasas de fuego,
morir es poco, es nada.

Porque cuando uno duerme no hay sufrir.
Dentro del silencio, encerrada en cristal,
cristal duro, impenetrable.

¡Ojalá el Hades me abrazase!
¡Ojalá la muerte me besase!

Mas no es así

y viene a mí la vida a borbotones
y aborrezco tener luz en mis ojos.

¡Oh, Dios mío!, agonizo y deliro, deseando perderme
en lo infinito, mas todo escape es un intento vano.
Me hago sorda al dolor, porque mi corazón ya es
nieve, desesperadamente nieve helada.

Dentro, muy dentro del silencio,
la soledad me acuna, acaricia mi pelo, me canta.

¡Oh, mi amiga!, cuanto te necesito y te deseo.

¡Ayúdame!, no dejes que me pierda entre la gente,
no dejes que perciba ese olor a humanidad,
cobíjame en tu seno y hazme tuya soledad.

Dentro del silencio, escondo penas, recuerdos que
salen abofeteando mi conciencia, mi vida.

Si pudiese evadirme, si pudiese creer que fue un mal
sueño; mas es en mi carne donde siento,
es en mi corazón donde habita la amargura,
no obstante, en el silencio me refugio.

Sí, muy dentro del silencio.

Que gran vacío...

¡Qué gran vacío!,
Que inmensa puede ser la pena.

Océano de dolor que agita su furia
en los corazones rotos por el llanto.

Ya todo pasó, ya nada queda,
solo el frágil recuerdo se resiste
ante la amenaza del olvido.

Alma que viaja sin retorno, final de un principio.
¡Adiós!, ¡adiós!, susurra el viento.
Y la nube llora
y el azul en gris se torna
y el oro pierde su brillar
y el rubí palidece como el mármol
y todo expira.
La tierra te llama y tú la abrazas,
acaricias su olor y su esencia te hace suya.
Te desvaneces, desapareces, nos dejas.
¡Adiós!, ¡adiós!
Aunque yo sé que un día volverás,
yo sé que un día te veré.

Carmen.

Tus ojos azules han perdido el color.
Gris, triste se ha vuelto tu mirar.

Como la nube negra, sin luz, sin esperanza.
Aquel cabello que robó al oro sus destellos,
se ha eclipsado como el sol cuando la luna lo cubre.

¡Cuanto sufrir en tu rostro, cuanto dolor en tus
entrañas!

Grita tu silencio, habla amargamente tu callar.

A la memoria de mi prima Carmen Palazón Martín

Cuando los pensamientos...

Cuando los pensamientos se detienen el tiempo no transcurre en la materia y las fibras de tu ser no sienten más que un eco, un vacío fatigable.

Entonces el laberinto se torna en desafío, en lucha, en duda.

¿Cómo pues buscar una salida si los caminos de la mente son imprevisibles?,

¿cómo razonar con la razón perdida?,

¡cómo querer vivir si ya estas muerto?

Y….¿para qué?. Todo, vida, pensamientos, lucha... ¿para qué?, ¿por qué?...

Decidme...

Decidme, ¿es qué no pasa el tiempo o es que mi pena
sigue siendo la misma?

¿Acaso no soy igual que ayer, la misma que mañana?

¡Ah!, que fatigoso es respirar entre esta atmósfera de
silencio y que poca calma poseo en realidad.

¡Que tristeza la de la luna!, ¿o era mi cara al
reflejarme en su blancura?

¿Y el viento?, el otoño ha llegado y no me canta,
¿por qué no viene a mí su voz arrulladora?

¡Mirad!, la rosa marchitó porque yo la toqué
y el ave murió por que yo la enjaulé,
¿no son estos motivos para yo sentir pena?

Resonaba como un eco...

Resonaba como un eco,
de las puertas llegaba a los balcones,
por toda casa, por todo el barrio.
¡Ha muerto!, ¡ha muerto!
Que frío, que angustia, que dolor.
¡Muerte!, palabra de acero,
de cristal clavado en venas,
eco amargo de soledad;
locura que apedrea los sentidos,
desdicha sin consuelo.
¿Y esa madre?, ¿dónde quedan los pedazos de su
corazón roto?
¡Podrán secarse las fuentes antes de que su llanto
cese!
Y deseará también morir para ir con el hijo que ha
perdido; mas la muerte no llega si la llamas,
aparece, simplemente aparece
y se lleva consigo a quien ya ha elegido.

Siento en mi piel...

Siento en mi piel una inmensa tristeza,
aquí, junto a mi silencio,
junto a mi amargura infinita.
Cuan agrio es este dolor,
cuan insoportables sus espinas.
¡Oh alma mía!, afligida y cansada,
deja de sufrirlo todo, de llorarlo todo.

Un poco de cansancio...

Un poco de cansancio, de desaliento,
un halo de silencio en su mirar,
un escalofrío de mármol negro
y un grito de pavor en su garganta.
Todo lo habita y lo penetra,
en cada pliegue de mi piel se halla
y como el mar azul es tan inmensa
la tristeza que hoy oprime mi alma.
Harta de navegar en naves de naufragio,
a la deriva siempre, sin destino,
no hallo pues aquel camino
que se quedó perdido en el pasado;
por eso me hace suya la tristeza,
por eso el desaliento, por eso...
un poco de cansancio.

Soledad fuerte...

Soledad fuerte como hierro fundido,
como diamante en bruto que se pule con esmero para
obtener toda su belleza, todo su poder.

Sí, ella me hace fuerte, me da valor y me infunde todo
aquello que respiro, que vive en mí.

Absoluta, inmensa, mía.

Soledad fuerte, soledad amada,
tanto tiempo conmigo, juntas siempre.

Bella, impenetrable, mía.

Soledad que me acunas en tus brazos,
que me posees en tus lazos de seda,
que me retienes en tu seno de mármol.
Grande, adorada, mía.

Soledad fuerte como hierro fundido.

Siento que todo se derrumba...

Siento que todo se derrumba a mi paso,
que todo cuanto toco lo vuelvo gris
y que el negro ya no forma parte de mí misma.

Siento que lo que habita en mi entorno se marchita y
el tiempo pasa y pasa y se niega a parar.

La vida se me escapa,
¡el amor!, el amor ya no existe,
ni tan siquiera el odio surge en mí;
solo la ausencia, el dolor que ya no duele,
el llanto que ya no es húmedo,
las estrellas que ya no brillan.

Y el mar tan solo me ofrece sus fuertes olas,
su rabiosa furia.

Siento que todo es ya pasado,
que el presente ya no es.

Todo pudo ser bello, pudo ser amor y compañía,
mas se tornó en tristeza, en soledad,
en infinita soledad.

Cuando la vida...

Cuando la vida se vuelve contra ti,
la adversidad acaricia tu rostro y el llanto te hace
presa, quisieras gritar, aullar de desesperación.
Y el silencio te acompaña,
y la soledad es íntima compañera.
La luna entonces se oscurece
y hay extrañas señales en el sol
y todo el firmamento se estrella
en tus sienes plateadas.
¡Cuanto dolor y cuanta pena siento!,
se desgarra mi alma en mil jirones
y estalla mi mente en mil ideas vanas.
Todo, todo es vanidad, un luchar contra corriente,
contra fuerte viento.
Cuando la vida se vuelve contra ti,
solo queda esperar sin esperanza alguna,
sin salvación alguna.
Mis manos han quedado vacías,
mis ojos se han secado,
mi corazón...¿acaso aún queda en mí algo de corazón?
Efímera tarde, efímera noche,
mi voz se extinguirá y quedaré callada,
como mármol frío, como bronce gastado.

Todo está en silencio.

Todo está es silencio, nadie se mueve,
reina la calma, ni un suspiro se siente,
ni un soplo de vida, solo restos,
huesos carcomidos, solo muerte.

Triste es pensar que un día,
yo también estaré allí, junto a ellos,
en la misma tierra;
en esa tierra seca y estéril
en donde lo único que nace es la muerte.

¡La muerte!, ¡palabra maldita que atormenta mis oídos
y en dudas me convierte!; porque al oírla pienso:
¿de qué sirve la vida si después la pierdes?
¿quizá habrá otra vida después de la muerte?

No lo sé,
solo sé que es así,
que, si la vida existe,
su hermana es la muerte.

Soneto a la muerte de mi abuela.

Sentí en mi corazón el filo de un
cuchillo invisible que llegó al fondo,
mi alma lloró, lloró en lo más hondo;
no lo puedo entender, ni siquiera aún,

pero en mi herido corazón, quedó un
dolor amargo, espinoso y rondó
en mi memoria, en lo más profundo y hondo
una idea tormentosa que no borré aún.

Sus ojos cerró, pero me está viendo,
su voz perdió, mas yo aún la siento,
se fue de aquí, pero sonriendo.

¿Por qué hay que pasar por tanto tormento?
por qué hay que sufrir y seguir sufriendo?,
si al final todo se va en un lamento.

Fuerte olor a olvido...

Fuerte olor a olvido humano
a huesos corrompidos por el tiempo,
a bellas durmientes marchitadas,
a cabezas, a piernas, a muertos.

Viejos abetos permanecen firmes
ante las puertas cerradas de hierro
las puertas que cruzan el umbral,
del lugar maldito, del lugar eterno,
del triste cementerio.

Allí yacen inmóviles, muy quietos,
los huesos y cenizas de los pobres viejos,
de niñas preciosas, de ricos avarientos
y ni unos ni otros se mueven,
todos están quietos.

Pero no todo son cenizas,
no todo son huesos,
porque en ese lugar hay muertos vivos
y en este lugar hay vivos muertos.

Cementerio.

Tierra seca, árida y fría,
arrasada, desierta y marchitada.
Ni siquiera por la aurora visitada
porque allí nadie la vería.

Nada, ningún sonido había,
por ningún pájaro cantada.
Tierra por el sol quemada
de formas inertes y oscuridad sombría.

Cuna de casas sin seres dentro,
casas quebradas, rotas, hundidas;
en las que nunca volverá haber nadie dentro

porque jamás serán reconstruidas.
Yo, palabras ya no encuentro
para hacer ver que son vidas perdidas.

Vida de constantes...

Vida de constantes requiebros y tardanzas,
¿por qué nos azotas con tu látigo gris?
¿por qué nos amargas?

Vida de tantos sufrimientos,
de caminos tortuosos
de sendas en círculo,
de precipicios que no tienen fin,
mas hondamente oscurecen el mañana.

Ese mañana que no llega, pero si pasa
y te deja de lado y se burla de ti
y encarnizadamente rompe en despampanantes
carcajadas; mientras, tú, junto a tu llanto,
escondido del mundo, esperas impaciente la llegada,
de alguien que se acerca
y te toma en sus brazos, pues ya,
es la muerte tu única esperanza.

Vuelo nocturno.

En el camino de la oscuridad nocturna,
vuela el murciélago.

No choca, no sucumbe,
sobrevive su vuelo.

Sus alas juguetonas se mueven al ritmo y el compás
de esas notas lejanas de un violín,
su sonido es chirriante y a veces amargo,
pero siempre melancólico.

Y la sangre, roja perpetuamente,
destinada a correr, a salir desde lo profundo del ser
humano, mortal y caduco.

Ahora, calla el violín,
mas el murciélago sigue su vuelo.

En mi derrotero...

En mi derrotero amargo por la vida,
en mi caminar por el mañana incierto,
he sentido en mi cuerpo,
esa nostalgia que apaga mi luz,
ese calor que por dentro me abrasa,
esa melancolía que consume mi alma.
Y todo, mezclado con sentimientos inseguros,
con risas, llantos y miradas tiernas.
Y rota, destrozada por dentro, sin sentido,
he seguido mi derrotero amargo por la vida.

Procedente de la nada.

Cuando la luz llega al amanecer,
sin querer despierto y veo el mundo.
Los números siempre infinitos,
ocupan el espacio del vacío superfluo
y camino por las sendas torcidas
de la sinrazón de mi pobre mente.
Y vuelvo a mis años jóvenes,
a mis años bellos, a mi infancia,
a la nada, pues de ella procedo.

Reflejo del cielo.

El mar, espejo de cristal diáfano,
cobijo de seres con vida,
de ello rebosa, se satura.
Mas ahí sigue y continúa.

Tu existencia me conmueve,
me agita, al igual que sobre ti
las ondas que posees van y vienen.

Y me besa tu brisa
y me acaricia tu perfume
y sonrío, y lloro y te veo,
siempre azul,
siempre lejano.

¡Mar!, deseo interior inalcanzable,
deseo que es anhelo,
que es ansia de tocar con mis manos
ese reflejo del cielo.

Soledad.

Mi ser, las medulas de mi cuerpo,
mis carnes rosadas, mi perfume.

Mi sangre ardiente corre por mis azuladas venas
que solas se sienten.

La soledad es el silencio, un número perdido,
el sonido del viento, el inmenso vacío
de un hondo precipicio,
la oscuridad de una noche negra.

Pero el negro no es triste,
tan solo nostálgico, tan solo indiferente.
¡Oh crueldad, guerra, odio!,
me siento vacía, sin nadie
y solo ya espero: ¡muerte!

Caballo negro.

¡Caballo negro, furia de titán!,
que por la sangre mortal corres
con anhelo desesperado.

Tu trote es cruel, odiosamente despreciable.
¡Vete!, ¡huye!, ¡aléjate de él!
No corras más, ¡detente!, para y vete,
desaparece como el humo.

No sigas intentando que cabalgue contigo hacia el
Hades, hacia el lugar maldito, hacia la muerte.
Mas eres fuerte y poderoso,
tu pelaje brilla con aire desafiante
y a la vez indiferente.

Nada te importa, ya que no sientes.
Mas déjale te ruego, no le hagas daño,
¡caballo, vete!

Y de nuevo soledad.

Yace inerte a la espera de nada,
es pálido su rostro
y al mirarla,
sus ojos sin color son la nostalgia.

De su boca en sí perfecta, jamás se oyó palabra.
Ella, es la calma, la quietud, el sosiego,
la tristeza de un hada.

El volar de la imaginación sin límites,
un grito en el vacío.

Ella, es la diosa del reino de Hades, es...
¡La soledad del alma!

Impotencia.

Hoy el agua no ha cesado de caer y como gotas que se funden con la lluvia mis lágrimas resbalan en silencio. Un suspiro entrecortado se mezcla entre la fría atmósfera donde quieta, con la mirada fija en la penumbra, habita el dolor y la tristeza de un alma solitaria en su aflicción.

Estoy de pie, alrededor el vacío se apodera de mis profundos e internos pensamientos y le arranca un quejido al corazón, cuya fibra tan sensible se desgarra como los trapos viejos y podridos al recordar las huellas y andaduras del ayer que ya es pasado.

Mis pies se esfuerzan y ordenados por mi mente se someten al deseo que esta expone y se mueven y caminan.

Me han llevado a la ventana de la alcoba, donde mis manos han notado intensamente el contacto del cristal, transparente y frágil material que descubre ante mis ojos la visión de la húmeda calzada.

En la esquina más cercana, un perro con ojos de bondad suplica misericordia y sin hablar su lastimero aullido grita tenazmente la palabra "injusticia", la palabra "maldad".

Y calla y agacha la cabeza y se humilla ante el poder del hombre.

Ahora, mi sangre corre más de prisa, se acelera, me acaloro y mi amargura, mi ira y mi rabia, estalla como el trueno en la tormenta y como el rayo sin embargo el estallido acaba.

Mas ya no es dolor, ya no es tristeza, es IMPOTENCIA lo que siente mi alma. Y como gotas que se funden con la lluvia mis lágrimas resbalan.

Poesía alegre.

Poesía alegre, ¿quién con tristeza puede escribir?
Si el alma mortal llora, de la pluma del poeta
salen lágrimas azules.
Si las golondrinas oscuras y claras se marchan de tu
lado.
Si los geranios pálidos marchitan con el tiempo,
si al anochecer el bello astro su luz apaga
y con melancolía lunar la noche nos regala su silencio
de nostalgia.
Poesía alegre, ¿quién con tristeza puede escribir?
Si los caminos de la vida son amargos,
si en las carreras siempre hay un perdedor,
si en el buscar la verdad hallas mentiras,
si en el cabalgar tan solo tropieza tu caballo.
Poesía alegre, ¿quién con tristeza puede escribir?
Si en mi lienzo los colores son sombríos,
si el gris, ocre y ultramar abundan en mi paleta,
si las pinceladas las doy con pincel equivocado,
si es fallido mi pulso y la recta en curva desenlaza,
si se agrieta con el tiempo mi pintura.

Poesía alegre, no puede de mi triste corazón salir.

Una nota.

Una nota, una nostalgia,
un deseo junto a una gota de rocío.

Velo tupido, añoranza de un mañana;
aquel sueño se desplomó con fuerza,
se desgarró en el aire su tejido y ya no volvió a ser,
tan solo, las sombras de la mente lo retienen de un
modo vago e impreciso.

Una nota, cargada de desesperación.

Negras son las aves que revolotean al lado de tu
puerto derruido y desolado sin remedio.

Ya no consigo verte, tampoco puedo odiarte,
amarte menos, eres tan solo...
indiferente.

Lienzo viejo soy.

Lienzo viejo soy.
Lienzo triste,
que de tanto ser pintado la pintura
ya no deja su color.

Y las grietas infinitas como estrellas abren cada una
su historia de dolor y un esfuerzo
por cerrarse sería en vano,
ya perdió todo vigor.

Lienzo que antaño fuiste joven y en ti se vio color,
¡fuerza de impacto!, ¡gran esplendor! Rojos fuertes,
ultramares, violetas, añil y bermellón; todo con luz,
todo con amor.

Di, ¿dónde está tu majestuosidad?,
¿dónde tu orgullo de pincel de gran pintor?
y...¿dónde tu color verde?, ¿dónde tu corazón?
El tiempo te hizo lienzo viejo,
lienzo triste soy, ¡yo!

Mi refugio.

En el tiempo, en la efímera tarde de este abril,
mis pies se han deleitado paseando por la playa.
¡Oh, como vibraba mi ser!, ¡como sentía su rabiosa
fuerza en mis entrañas!

Parecía existir o quizá existía una amistad secreta
entre los dos, pero era algo callado, escondido,
ocultado al mundo que miraba.

No, no veo su profundidad, pero la noto, la siento
como siento su brisa, de la misma manera, de forma
tenue no obstante real.
Y su cercanía, el estar junto a él, tan solo eso produce
en mí felicidad.

Me vio nacer, en su regazo me acogió tiernamente y
con el clamor de sus olas me acunó.

Y es tal vez debido a ese lazo entre ambos, a esa
fuerza que él posee, que solo con mirarle,
encuentro mi refugio y calmo mi dolor.

Pequeña luna.

Como rosas del desierto
como jazmines sin blancura,
como pétalos divinos que fallecen,
así es tu hermosura,
¡triste y cansada!

Estas ya harta de tu andadura
pero subsistes...

Como la flor de un cactus,
como la fuerza de la enredadera,
como el vigor de la madreselva,
así, es tu hermosura
¡triste y cansada!

Más eres bella, eres eterna,
pequeña luna.

A Federico García Lorca.

No creo que sea el destino lo que hace que te escriba,
más bien es mi voluntad, mi mente la que me dicta:
"Si pudiera llorar de miedo en una casa sola,
si pudiera sacarme los ojos y comérmelos,
lo haría por tu voz de naranjo enlutado
y por tu poesía que sale dando gritos".
Versos que Pablo Neruda te compuso Federico.
"Pero el cielo de pronto, se vistió de luto y comenzó a
llorar...", dijo José Conejero en su poema al empezar.
Y en verdad por ti lloraron y su llanto fue en verdad,
acompañado por otros que me permito nombrar:
Lloró Vicente Aleixandre, Malva Marina, Rafael
Ugarte, Alberti y muchos más, no en el literal sentido
sino en amarga tristeza y en corazón dolorido.
"Granaino" que te fuiste y por fusiles perdiste la vida y
en sueño estas, no creas que es sueño eterno, no, no lo
es Federico y en breve sí, te repito, en muy poco tiempo
ya, tú volverás a la vida; sí, tú te despertaras y
"El Romancero Gitano" y "El Canto a la pena negra" y
hasta "Las bodas de sangre" y todos tus demás hijos,
gritarán con alegría, te darán con regocijo,
la más cordial bienvenida, a ti, ¡Grande Federico!

Y los geranios pálidos...

Hoy está triste el cielo y los geranios pálidos,
el color de todo se ha perdido y...
el verde ya no es esperanza del mañana
sino fúnebre nostalgia de querer un imposible.

Duelo de corazones con luto en su interior,
¡llorad!, llorad ahora que podéis hacerlo porque hasta
el llanto se os será quitado.

Como ladrón la noche caerá sobre las lágrimas
arrebatándolas sin prisa, sabiendo que jamás serán
sustituidas y que ya nunca gozarán de la humedad.

El viento cantará entonces una nana y en ella dirá,
que el cielo hoy está triste y pálido el geranio.

Sonrisa...

Sonrisa por mis labios olvidada,
lejana en el tiempo, perdida...
recordada en sueños de niñez.

Hoy llegas de manera frágil, de forma tenue,
paseándote por aquellos rincones de mi mente.

Tanto tiempo pérdida hoy recobrada,
capturada y hecha presa por mi rostro
para no dejarte ir.

Llegas a mí ante un hecho cotidiano y repetido,
la vida que nace, la vida que hubo nueve meses en mí.

A cualquier marinero.

Carta del navegante que mar adentro va,
la mira de reojo conoce bien la mar.
Y se acuna en sus entrañas grises, oscuras,
en la noche que tapa las estrellas con luz,
en la noche que duerme la luna y nadie la despierta;
se oye en esa noche el mover agitado de las pequeñas
colas de los peces y una esponja suspira y el calamar
usa la propulsión y huyen.

Todo es tranquilidad en la penumbra, todo brisa,
todo suave viento y tenue luz,
todos sueños de marinos que con sirenas sueñan,
todo pausa, todo, un solo respirar.

Capitán de ojos negros y piel negra,
de tez curtida por el pasar del tiempo y por la sal que
adora; sus párpados aún no se han cerrado,
vigila, respira y piensa y su pensar está lejos de allí
y en su corazón está la boca que el anhela
y en su mente se haya aún sin él quererlo,
la palabra: "TIERRA".

A mí querido mar.

El mar lo tengo tan cerca de mí,
me ama tanto y le amo tanto,
que nuestro amor llega a ser casi perfecto.

Casi, ya que nuestras composiciones diferentes nos
separan, mas si él hubiese sido hombre sería solo para
mí o si yo hubiese sido agua le pertenecería a él.

¡Míralo!, parece entenderme
y con sus olas chipoteándome me besa,
es tan tierno, tan bello su color,
tan inmenso y tan grande,
que solo con mirarlo soy feliz.

Me ofende la gente que sin escrúpulos lo ensucia,
no tienen conciencia y como locos le vierten residuos
de todas clases.

No sabe la gente que a mi querido mar todo eso le
hiere, que poco a poco le están destruyendo.

Y yo, yo me siento impotente,
¿cómo detener a esos locos?

Las masas de locura incontenibles son demasiado
fuertes para poder pararlas.

¡Cuánto sufro yo por tu dolor, querido mar!
y cuánto me avergüenzo de pertenecer a la humanidad
que te hace daño.

Pero a mí me crees, a mí a pesar de todo me amas, y
yo, yo querido mar también te amo.

Otoño.

Caen las hojas en otoño,
a pesar de ser un hecho repetido no por ello pierde su
gran belleza.
Caen también las gotas de la lluvia en los cristales
y siempre es hermoso respirar a tierra humedecida,
olor que salvajemente despierta mi pasión aletargada
por el calor y que hace renacer en mi nostalgias ya
olvidadas.
Recuerdo cuando llueve, mi niñez, las tardes que
sentada en la alfombra azul del comedor han quedado
en el silencio del pasado.
Todo despierta en mí con el otoño,
vuelve mi infancia, vuelven las navidades ya pasadas,
vuelven gestos, palabras y sonidos que yo añoro
y con ello vuelve una chispa de felicidad
al ver caer las hojas en otoño.

A mi madre.

A esa mujer de pelo caneado,
de manos ásperas del duro trabajar.
A ella que da su vida y su alma
depositando amor en todo cuanto toca,
que respira el silencio del dolor ajeno,
que llora lágrimas de sal ocultas,
que brillan sus ojos como preciosas piedras.
¡A ella!, son mis palabras esta noche.
Y a ella le digo que la amo,
que significa mucho para mí,
que mi ser es un trozo de su ser,
que mi vida es parte de su vida
y que con infinita gratitud he de decir
que, de verdad, ¡yo quiero a esa mujer!

Día de playa.

La orilla espera sin prisa el beso de las olas,
olas de sal, de blanca espuma.
Y los cúmulos del cielo como algodón de feria
se alejan suavemente mecidos por el viento.
El astro rey regala generosamente el calor de sus
rayos y le brinda a la gente un cambio de color para su
piel.
Y esa arena, siempre tostada,
impregnada de yodo y sal, de luz y sombras;
se introduce calladamente en cada pliegue de la piel,
en todo rincón del cuerpo humano.

Los barcos pasean dejando tras de sí divinas estelas,
acarician el mar y llegan a la isla,
que desde aquí se asemeja a una enorme ballena gris.
El puerto espera la llegada de sus hijos,
la brisa tranquila, el chapoteo de los brazos y piernas
en el agua, peces que huyen temerosos, risas, voces,
pero sobre todo olas, ¡olas de plata y azul!

Paz.

Tan quieta estaba,
tan blancas palabras en su corazón bien escondidas,
que sin saberlo ella a mí me sonreía.
Vestida con bondad y con ternura,
adornada con un velo divino,
era su alma tan sumamente pura,
que, sin ella saberlo, su dulce risa oía.

Eran sus ojos cual los del Nazareno
y en su mirada estrellas infinitas,
con esa luz tan clara,
sin ella darse cuenta a mí me sonreía.
Ella, con sus blancas palabras, con su velo divino,
con sus ojos de luz, con su pureza.

¡Ella!, era la paz que a mi alma acudía.

Las musas.

Las musas me abandonan por momentos,
mas como perro fiel regresan siempre a mí.

A veces, todas ellas me contagian su magia,
transportándome entre nubes a países remotos,
a lugares que no están en los mapas.

Y así, entre parajes de ensueño, entre príncipes
perdidos y dragones olvidados, vivo cuentos de hadas
que nunca se escribieron.

La musa de la música me embriaga con sus melodías
nunca oídas y la de la danza me regala con sus tiernos
movimientos sensaciones que jumas antes pudo sentir
humano alguno; mas, no obstante...

mis queridas musas siempre me abandonan por
momentos.

Esta noche.

Esta noche, es como las noches en que la luna me
regala su plata.
Esta noche, es como las noches en que las estrellas me
regalan su luz.
Esta noche es negra mas no es triste, es diferente,
pero idénticamente repetida.
¡Oh creador de fantasías!, autor de mundos y escenas
irreales,
¿huyes de mí?...
¡Oh dulce sueño!, ¡ven!, te estoy esperando,
ya que la soledad me acuna
y el silencio me canta una nana
y el viento me embriaga
y la penumbra todo lo contiene.
En esta quieta atmósfera, en esta habitación vacía,
mi ser espera ansioso que lo abraces, que lo poseas.
¡Ven!, transpórtame a tu seno, acércate
y con un suave beso cierra por fin mis ojos
hasta que el nuevo día me brinde su luz.

Si acaso con el viento.

Si acaso con el viento me encontrase de frente,
sería su caricia como de un ángel,
fresca, dulce, pura como la limpia atmósfera de un
verde prado en primavera.

Sería delicioso, inigualable,
caminar por la senda con el viento arrullándote.

Es hermoso sentir que te besa e imposible tocarle;
pero, sabes que está,
y percibe su belleza tu espíritu incansable.

Canto a la noche.

¡La noche!,
refugio de corazones solitarios, de poetas tristes,
de vagabundos sin hogar.

Yo le canto a la noche,
pues me acoge en sus sombras
y me abriga en su penumbra.

Esa noche en que tus pasos se pierden por los
senderos del cansancio, del inmenso abatir.

Noche en donde solo vuelan murciélagos
y esos insectos que se cobijan en la tenue luz de una
farola.

Violines melancólicos que hacen fluir lágrimas
ocultas en el día.

¡Oh, noche negra!,
noche de silencio y paz,
a ti entrego mis sueños y la esperanza en el nuevo día
que haces surgir.

A mi hija Laura.

Bella, como la flor más rara,
luz de luna serena, blanca,
suave aún más que el algodón.
Dulce como el beso de un ángel
o como miel fluyendo del panal.
Preciosa como perla sacada de los mares
o como oro extraído de las minas.
Fragante y deliciosa como el olor de un lirio
o como el pensar de un poeta enamorado.
Encantadora y tierna como princesa
de cuento o sirena mitológica.
Sílfides, sirenas, diosas, hadas...
son apenas polvo en el desierto de tu inmensidad.

Laura

A mi hija Nerea.

¡Luna, enigmática esfera blanca!,
aro de tibia luz, de cálida palidez,
cómo tú es su belleza, tu piel hermosa.

¡Rosa!, fragancia inigualable, rojo fuego,
precioso rubí, así tus labios son para mí.
¡Esmeralda!, joya preciosa, divino color,
mas tus ojos son aún más lindos mezclando el gris a
ese color.

Pero ni la luna, ni esmeraldas o joyas,
ni rosas o flores de gran dulzor, nada,
absolutamente nada, es como ver esa sonrisa
que en mi provoca un gran amor.

Nerea

¡Libertad!

¡Libertad!,
hermosa bandera que ondea en todo corazón humano,
en toda alma.

¡Bella!, como gaviota blanca que surcando un océano
no haya fronteras ni obstáculos.

Es como las alas de un hermoso ángel,
blanca, pura, de singular belleza.

¡Libertad!, hermosa bandera, hermosa ilusión.
Es dulce como el viento del efímero otoño,
es tierna como el calor del fuego de una hoguera.
¡Libertad!, hermosa bandera, hermosa ilusión.

Cisne.

Es tan hermoso, ¡míralo!,
mira cómo se refleja en el agua su belleza infinita
y como los jazmines se inclinan a su paso
y como el aire acaricia su majestuoso cuerpo.

Es tan hermoso, ¡míralo!,
mira como mueve suavemente su cuello
y gira la cabeza observándolo todo
con esa mirada tan profunda
como la profundidad de su hábitat.

Es tan hermoso, ¡míralo!,
es tan suave su cuerpo, es tan puramente blanco,
que las nubes lo envidian y el algodón no es suave al
tacto si comparo.

Es tan hermoso, ¡míralo!,
plumas de seda, cuello alargado,
ojos oscuros, ¡cisne lozano!

Versos en otoño.

Cuán lejos estas
y que cerca te siento
pues te respiro
en el aire efímero
del otoño que entra.

La melodía del viento
acuna mis oídos
recordándoles así
que el otoño,
nuevamente llegó.

Canta, alondra…
canta junto al árbol tierno
y despierta corazones
¿No ves que entrando el invierno
recordarán tus canciones?

Es el dolor efímero
también la distancia
es franqueable, porque
al final del recorrido
no espera el amor.

¿Quién me ha arrancado...?

¿Quién me ha arrancado un trozo de mi alma?
¿quién ha osado romper mi corazón como un cristal?,
¿quién ha dejado mis manos tan vacías?

No hay respuesta, solo hay dolor.

Dolor amargo como ajenjo,
como vinagre es la copa que bebo,
que apuro de un trago y luego...

La soledad me acompaña otra vez,
como fiel perro que a su amo no deja y sigue a todas
partes, así es mi amiga, mi soledad amada.

¿Quién me ha arrancado ese gemido?,
¿quién ha dejado mis ojos sin su luz?
No, no hay respuestas, solo hay dolor.

No hay a donde huir...

No hay a donde huir,
a donde dirigir tú alma fatigada,
en qué lugar buscar un poco de amor.

¿Dónde cobijaras tus huesos cansados,
dónde habitará tu ser abatido?

La vida, la has bebido de un trago
y te dejó un amargo sabor;
sabor a desesperanza, a nostalgia y vanidad.

No puedes huir de ti misma,
de tu propia trampa, de tu propio caos.

Sendas tortuosas.

¿Otra vez he de pasar por sendas tortuosas,
por caminos estrechos, por lugares angostos?
Y a veces me parece que siempre son los mismos,
que jamás salí de ellos,
que estuve y estoy en el mismo lugar.
¿Es que no puedo avanzar ni un solo paso?
¿He de estar siempre sola, siempre perdida
en este caos, en esta oscuridad, en esta playa mía?

¡Lagrimas!

¡Lágrimas!, lágrimas de sangre y amarga tristeza.
Forman las aguas de mis ojos como un río sin fin,
río negro por que la pena es negra.
¡Lágrimas!, lágrimas de sangre y amarga tristeza.
Sangre cautiva por mis venas, deseosa de salir,
de romper mi ser y dar a la tierra su rojo color.
¡Lagrimas!, lágrimas de sangre y amarga tristeza.
Amarga como veneno que mata, como picadura de
serpiente o como el aguijón del escorpión.
¡Lagrimas!, sí, lágrimas de sangre y amarga tristeza.

¡Aquí estoy!

¡Aquí estoy!,
mirando a través de la ventana,
observándolo todo, callada, silenciosa.

Viendo pasar el tiempo, transcurrir sin
cese, las horas, los minutos, una tras otra,
siempre igual...

y yo, como bronce gastado, como frío
mármol y dura roca inamovible;
infatigable el corazón resiste,
soporta, y siempre calla.

Sumergida entre el silencio...

Sumergida entre el silencio,
entre aguas rotas y pájaros podridos,
mirando los naranjos,
escuchando tú respirar
y cediendo al amargor del llanto.

Me pregunto:
¿qué sucede cuando algo ha sido roto?
¿por qué desaparecen las estrellas?

¡Lagrimas!, ¡más lagrimas!,
eco solemne de amargura,
sueños profundos,
revolotear de amarillentas mariposas.

Y hay sed en mi garganta
y hay dolor, porque la vida duele.

Me gustaría saltar al vacío.

Me gustaría saltar al vacío,
perder mi pensamiento en la nada
y vagar entre fantasmas que no existen
y despertar...

por qué el mundo es pesadilla a mis sentidos,
angustia a mi garganta, irritación al corazón,
dolor a los huesos, cansancio, silencio, tristeza.

Todos los colores, todas las risas, todo el olor
que se respira a humanidad inicua,
todo lo fantástico en apariencia,
es todo como un lazo negro,
como una trampa escondida
en la cual me niego a caer.

No obedeceré al deseo, al anhelo, a lo que a veces se
añora, pues, se vuelve mi enemigo y mi alma lo
detesta.

¡Ah, Dios del universo!, escóndeme de tu ira,
ocúltame para llegar a vivir
ya que por dos veces hube muerto.

Es la soledad un lazo...

Es la soledad un lazo que te atrapa
con su mordaz silencio,
que no se estremece por tu llanto,
que no se inmuta por tu dolor
y...¡ah, cuanto duele la oscuridad
de mi noche sin luz!,
¡de mi vida sin sol!

¡Silencio!, sí, silencio como el del
mármol frío de una tumba lejana en la
memoria de un mortal.

¡Llanto!, sí, llanto como las aguas amargas
de los ojos de una madre que ha perdido a su hijo.
¡Y dolor!, sí, dolor como de muerte en vida,
como de alma sin aliento, como sin luz de Dios.

Y oscuridad, sí, porque la soledad es oscura.

Absorta en el espacio...

Con la mente absorta en el espacio,
buscando una respuesta en lo supremo,
pregunto con un grito y escupo por mi boca
espuma de desesperación.

El silencio es todo cuanto hallo,
los insultos y la humillación
es todo cuanto encuentro.

Vida sin sentido, muerte sin esperanza.
¿De qué?, ¿por qué? ¿para qué?;
y todo, vanidad,
viento efímero,
hojas de otoño,
cactus del desierto.

Tristeza.

¡Mirad!, la tristeza le acompaña hoy,
su rostro refleja tanta pena.
Sonríe con una mueca de amargura
y brillan sus ojos, que con desespero
contienen esas inevitables aguas
que son lágrimas de hiel.
¡Mirad!, la tristeza le acompaña hoy,
su rostro refleja tanta pena.

Un punto en el vacío.

Un punto en el vacío,
un espacio ocupado,
una insignificante respiración,
un latir débil y quebrado;
esclava de la locura de mi mente
confusa y aturdida,
perdida en el caos,
entre un sistema de cosas inicuamente dominado.
Nada o poco me importo
a nada aspiro, por nada lucho.
Un vegetal cualquiera,
una máquina inhumana,
un reloj parado,
un punto en el vacío...
a eso, me comparo.

Mis alas se han quebrado.

Mis alas se han quebrado,
mi vuelo ha sido roto
por tan alto volar.

Y he sido encarcelada
sin poder escapar.

¿Dónde está mi libertad?
¿quién me cuidará las alas
para pronto poder gozar del vuelo,
sin rejas, sin cadenas...?

¡Callad todos!

¡Calla!
¡Callad todos!,
llega el silencio,
con pasos como dormidos.
Y su color inexistente
puede ser blanco para mí,
porque el negro me fatiga
y mi ser está cansado.
¡Calla! ¡Callad todos!,
el silencio ya llega
como dormidos sus pasos,
ya se acerca,
ya me coge de la mano.
¡Mira!, la penumbra forma parte
de su respirar
y le he visto llorando
en los chorros del agua de esa fuente.
¡Mira!, ya me posee,
ya me hace suya.
¡Calla! ¡Callad todos!,
dejad que el silencio me abrace,
que me bese,
que me cante una nana,
para quedar por siempre ya dormida.

Ni con lágrimas.

Ni con lágrimas puede salir de mi tanto amargor,
tanto sabor a hiel mezclada con vinagre,
con desesperación, con rabia.
Y escucha tú el canto de las aves
y deleita tu visión con bello amanecer
y mírate, mira tú fresca juventud,
disfrutando de aguas limpias
de ríos cristalinos, diáfanos...
Besa tú y tiembla,
déjate amar y siente los abrazos que hoy serán
sinceros, que hoy serán verdad.
¡Ama y vive!, ¡goza tú, pequeña!,
mañana no podrás.
Mas ahora no escuches mi dolor,
no deleites tu vista sobre mi rostro ya marchito,
ya hinchados los ojos del llanto no cesar;
no disfrutes recreándote en mi pena
y riendo con mi angustiosa soledad,
pues, cuando el tiempo pase
podrías ser como yo,
y yo...
yo era como tú.

Oda a la soledad.

En este tiempo seco,
acechándome el frío de la tarde nublada,
entre el olor a aceite de linaza
y al humo de tabaco que aspiran mis pulmones;
ante el impasivo lienzo inacabado,
respiro con aparente quietud la soledad.

¡Soledad!, compartida con gaviotas
que alejadas de su mar revolotean
rompiendo el aire sobre mi terraza, sobre mí
y sobre todo lo terrestre.

Desde siempre acostumbrada a su callar,
a su no decir nada, a su infinito silencio.

También me es cotidiana su presencia
y no la alejo de mí porque ya casi la quiero.
Soledad que haces dar fruto a algunos sueños
a proyectos escondidos, a secretos,
Tú me cantas muchas veces,
tú me besas, yo te siento.

Soledad enigmática, llena de ojos tristes,
de pensamientos en vuelo,
de cristales mojados por la lluvia,
de barcos en naufragio, de veleros.

Soledad que te meces en las hojas de los árboles,
que te deslizas por los hilos que cuelgan los insectos,
que te duermes en la blancura de una nube,
que habitas en el cactus de un desierto.
significas tu tanto, ¡significas misterio!

Pero jamás trate de descifrarte,
nunca intenté averiguar por qué te siento.
Me conformo con saber,
que eres tú quien me posee, y yo...
yo me dejo.

Saciada de paciencia.

Saciada de paciencia
Vierto en mi seno el llanto de la fuente
y las piedras del mar siempre mojadas
se cansan de esperar, y los musgos tiernos
brotan entre mis pies adormecidos sujetando
mi alma fatigada.

Las risas de los muertos no se oyen,
mas en mi mente flotan los suspiros
perdidos sobre el tiempo;
¡allá!, en un lugar lejano canta el jilguero
y en su canto absorta quedo entre los vasos
ya bebidos del pasado,
y en mis manos heladas se posa el viento.
Y Medusa, al mirarme, ha parado mi tiempo.

INDICE